spot

ANIMALES AFRICANOS

LOS LEONES

por Mary Ellen Klukow

AMICUS | AMICUS INK

melena

manchas

Busca
estas palabras
e imágenes
mientras lees.

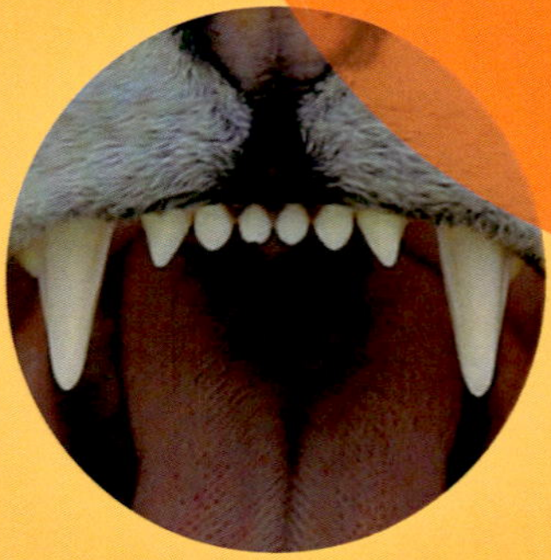

dientes

ojos

¿Qué son esos grandes gatos? ¡Son leones!

Los leones viven en grupos de familias.
Estos grupos se llaman manadas.

Mira la melena. Solo los leones machos tienen melena.

melena

Mira las manchas. Solo los leones jóvenes tienen manchas. Les ayudan a esconderse.

dientes

Mira los dientes. Son afilados.
Los leones los usan
para atrapar presas.

ojos

Mira los ojos. Los leones ven bien en la noche.

La manada duerme. ¡Los leones duermen 20 horas al día! Cazarán más tarde.

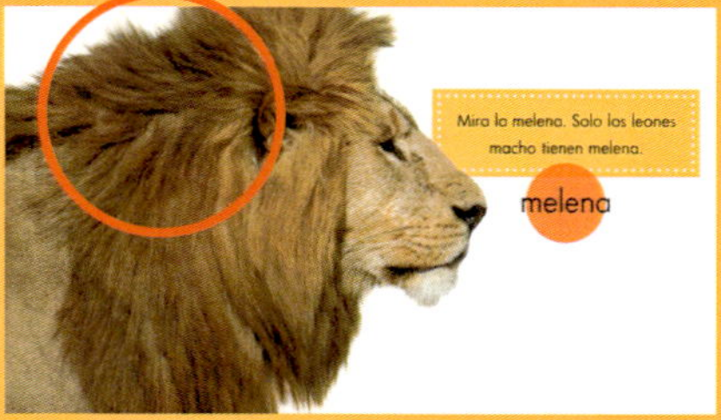

melena

manchas

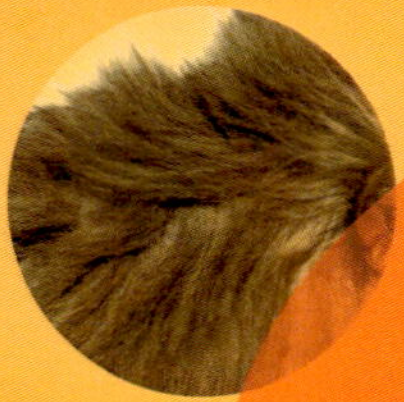

¿Lo encontraste?

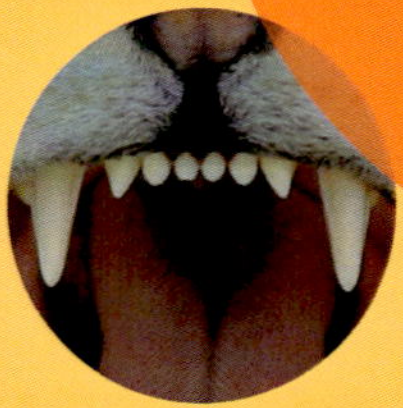

dientes

ojos

Spot es una publicación Amicus y Amicus Ink
P.O. Box 227, Mankato, MN 56002
www.amicuspublishing.us

Library of Congress Cataloging-in-Publication Data
Names: Klukow, Mary Ellen, author.
Title: Los leones / by Mary Ellen Klukow.
Other titles: Lions. Spanish
Description: Mankato, Minnesota : Amicus, [2020] | Series: Spot. Animales africanos | Audience: Age 7. | Audience: K to Grade 3. | Includes bibliographical references and index.
Identifiers: LCCN 2018054535 (print) | LCCN 2018055690 (ebook) | ISBN 9781681519074 (eBook) | ISBN 9781681518817 (hardcover : alk. paper)
Subjects: LCSH: Lion—Africa—Juvenile literature.
Classification: LCC QL737.C23 (ebook) | LCC QL737.C23 K59818 2020 (print) | DDC 599.757–dc23
LC record available at https://lccn.loc.gov/2018054535

Wendy Dieker, editora
Deb Miner, diseñador de la serie
Ciara Beitlich, diseñador de libro
Holly Young, investigación fotográfica

Créditos de Imagenes: Shutterstock/Stephanie Periquet cover; iStock/GlobalP 1; Shutterstock/Maggy Meyer 3; Shutterstock/oBebee 4–5; Getty/Alan Hewitt 6–7; iStock/Rafael Hernandez 8–9; iStock/sboice 10–11; Alamy/National Geographic/Beverly Joubert 12–13; Getty/John Dickson 14